حكاياتي

قصص تربوية للأطفال

أَنَا وَأَخِي يُوسُف

تأليف: عُمَر الصَّاوي **رسـوم: فايزة نوار**

العبيكان
Obeikan

اللهُ!! وَلَدَتْ أُمِّي، أُمِّي وَلَدَتْ

وَجَاءَتْ لِي بِأَخٍ صَغِيرٍ

أَصَابِعُهُ صَغِيرَةٌ، أَنْفُهُ صَغِيرٌ

عَيْنَاهُ صَغِيرَتَانِ، فَمُهُ صَغِيرٌ

كُلُّ شَيْءٍ فِيهِ صَغِيرٌ صَغِيرٌ، إِلَّا البُكَاءَ وَالصُّرَاخَ . . . فَهوَ كَبِيرٌ كَبِيرٌ كَبِيرٌ!!

وَلَدَتْهُ أُمِّي فِي الْمُسْتَشْفَى، وَعَادَتْ بِهِ إِلَى الْبَيْتِ، وَأَحْضَرَتْ لِي مَعَهَا هَدَايَا رَائِعَةً.

- شُكْرًا لَكِ يَا أُمِّي عَلَى هَذِهِ الْهَدَايَا.
- أَخُوكِ، هَذَا الْوَلَدُ الْجَمِيلُ، هُوَ الَّذِي اخْتَارَهَا لَكِ.

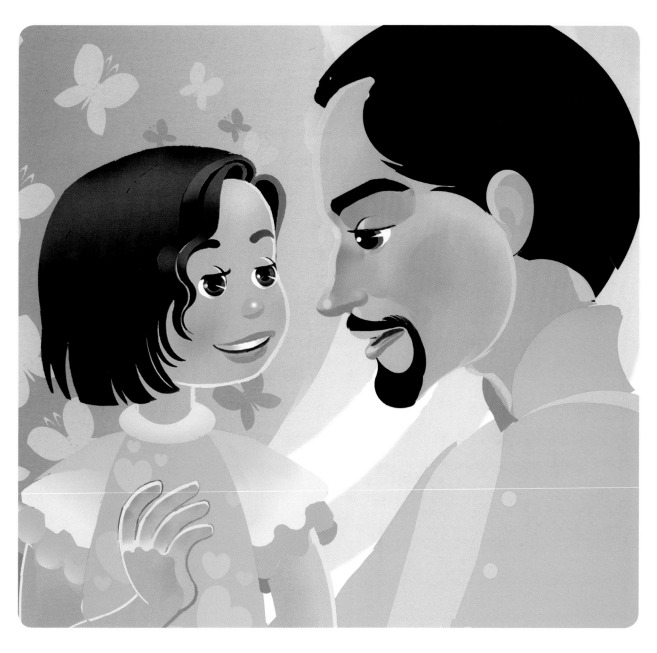

اللهُ!! أَنَا فَرْحَانَةٌ بِأَخِي؛ لأَنَّهُ يُحِبُّنِي.

وَفَرْحَانَةٌ بِهِ؛ لأَنَّهُ وَلَدٌ جَمِيلٌ.

- مَاذَا نُسَمِّيهِ يَا ذِكْرَى؟!

- نُسَمِّيهِ يُوسُفَ يَا أَبِي.

- لِمَاذَا يَا ذِكْرَى؟

- لِأَنَّهُ جَمِيلٌ، وَسَيِّدُنَا يُوسُفُ - عَلَيْهِ السَّلَامُ - كَانَ أَجْمَلَ إِنْسَانٍ.

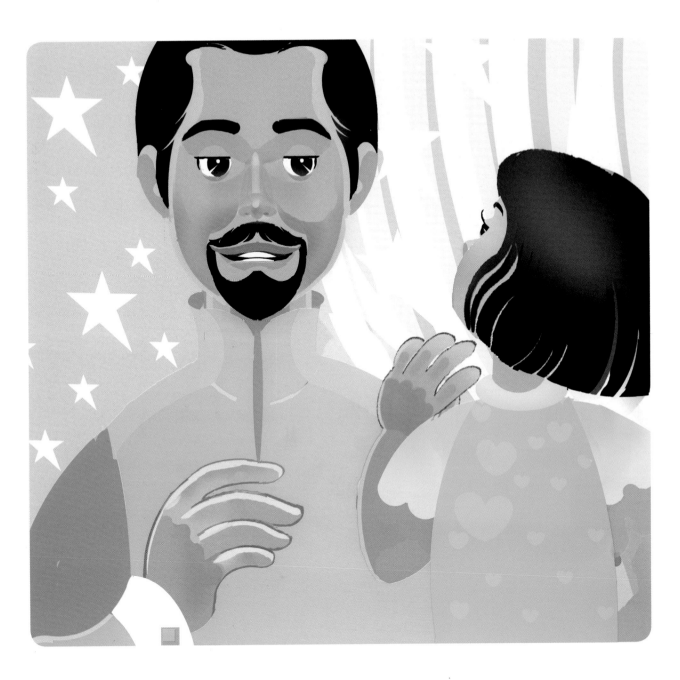

- مَنْ قَالَ لَكِ ذَلِكَ؟

- المُعَلِّمَةُ قَالَتْ لَنَا ذَلِكَ يَا أَبِي.

قَالَ أَبِي: هُوَ فِعْلاً وَلَدٌ جَمِيلٌ؛ لِأَنَّهُ يُشْبِهُكِ، وَلَكِنَّكِ أَجْمَلُ مِنْهُ يَا ذِكْرَى.

قُلْتُ: لَا يَا أَبِي، هُوَ أَجْمَلُ مِنِّي.

عَانَقَتْنِي أُمِّي، وَقَبَّلَتْنِي، وَقَالَتْ: بَلْ أَنْتِ الأَجْمَلُ يَا حَبِيبَتِي، وَأَنْتِ أُخْتُهُ الكُبْرَى.

قُلْتُ: سَوْفَ يَنَامُ فِي غُرْفَتِي، وَسَوْفَ أَعْتَنِي بِهِ، وَأُعَلِّمُهُ.

قَالَتْ: وَهُوَ سَوْفَ يُحِبُّكِ، وَيَسْمَعُ كَلَامَكِ.

الله!! أَنَا سَعِيدَةٌ؛ أَخِي يُوسُفُ مَعِي فِي غُرْفَتِي، نَائِمٌ فِي سَرِيرِهِ الصَّغِيرِ الَّذِي

اخْتَرْتُهُ لَهُ، وَيَلْبَسُ المَلَابِسَ الوَرْدِيَّةَ الَّتِي اخْتَرْتُهَا لَهُ.

يَنْظُرُ إِلَيَّ وَيَبْتَسِمُ، أُدَاعِبُهُ فِي كَفِّهِ، فَيَقْبِضُ عَلَى إِصْبَعِي وَيُمْسِكُهَا بِكُلِّ قُوَّتِهِ.

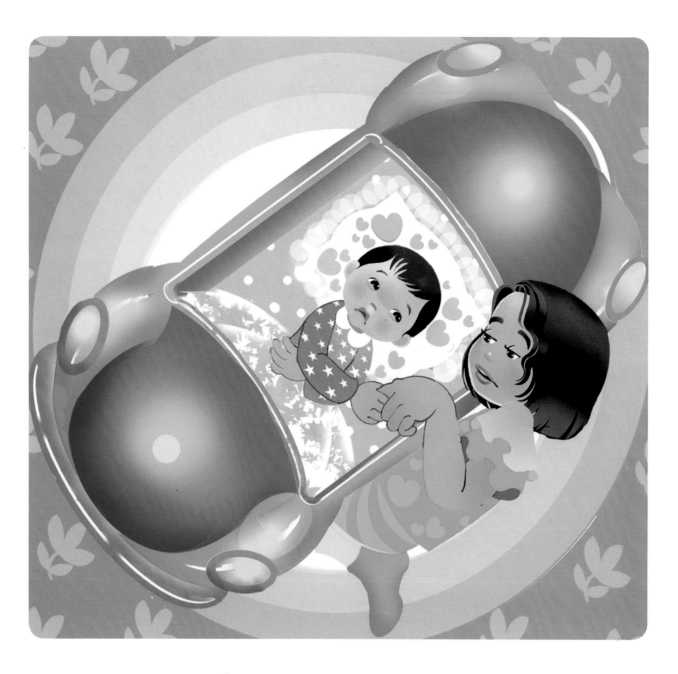

لَا يُرِيدُ أَنْ يَتْرُكَنِي، يُرِيدُنِي أَنْ أَبْقَى بِجِوَارِهِ. وَلَكِنَّنِي أُرِيدُ أَنْ أَبْتَعِدَ قَلِيلاً.

أُريدُ أَنْ أَلْعَبَ بِعَرُوسَتِي الَّتِي اخْتَارَهَا لِي وَهُوَ فِي بَطْنِ أُمِّي.

أَخَذْتُ أَشُدُّ إِصْبَعِي مِنْ كَفِّ يُوسُفَ، كُنْتُ أَشْعُرُ أَنَّهُ غَضْبَانُ، وَلَكِنِّي كُنْتُ غَضْبَانَةً أَيْضًا؛ ظَلَلْتُ أَشُدُّ إِصْبَعِي حَتَّى نَزَعْتُهَا بِقُوَّةٍ.

وَفِي هَذِهِ اللَّحْظَةِ صَرَخَ يُوسُفُ صُرَاخًا شَدِيدًا كَأَنَّهُ يَتَأَلَّمُ!

أَخَذْتُ أَهُزُّ لَهُ السَّرِيرَ هَزًّا خَفِيفًا، كَمَا تَفْعَلُ أُمِّي، وَلَكِنَّهُ لَمْ يَسْكُتْ.

وَضَعْتُ لَهُ الرَّضَّاعَةَ فِي فَمِهِ، كَمَا تَفْعَلُ أُمِّي، لَكِنَّهُ رَفَضَهَا وَظَلَّ يَبْكِي وَصُرَاخُهُ
يَرْتَفِعُ.

لَمْ أَتَمَالَكْ نَفْسِي أَنَا أَيْضًا، فَبَكَيْتُ، وَارْتَفَعَ صَوْتُ بُكَائِي، حَتَّى صِرْتُ أَصْرُخُ

وَيُوسُفُ يَصْرُخُ.. أَنَا أَصْرُخُ، وَيُوسُفُ يَصْرُخُ.

وَجَاءَتْ أُمِّي تَجْرِي وَهِيَ تَقُولُ: سَلَامَتُكِ يَا ذِكْرَى، سَلَامَتُكَ يَا يُوسُف. وَلَكِنَّهَا

حَمَلَتْ يُوسُفَ وَتَرَكَتْنِي.

وَجَاءَ أَبِي مُسْرِعًا، فَحَمَلَنِي فِي حِضْنِهِ وَقَبَّلَنِي، وَأَخَذَ يُرَبِّتُ عَلَى ظَهْرِي بِحَنَانٍ

حَتَّى هَدَأْتُ، وَأَخَذَتْ أُمِّي تُرْضِعُ يُوسُفَ، فَهَدَأَ وَسَكَتَ.

أَنَا أُحِبُّ أَبِي، وَأُحِبُّ أَخِي، وَأُحِبُّ أُمِّي، وَلَكِنِّي أَشْعُرُ الآنَ أَنَّ أُمِّي تَهْتَمُّ بِأَخِي أَكْثَرَ مِنِّي!! فَهَلْ تُحِبُّهُ أَكْثَرَ مِنِّي؟!